willi wills wissen ?

Anne Buhrfeind

geboren 1957, arbeitet heute als Textchefin beim evangelischen Monatsmagazin „Chrismon". Sie lebt in Hamburg und Frankfurt am Main. Als sie freie Journalistin war, u.a. viele Jahre für das „Börsenblatt für den Deutschen Buchhandel", gehörte die Kinder- und Jugendliteratur zu ihren Lieblingsthemen und sie hat auch schon selber für Kinder Bücher geschrieben.

Bildquellennachweis:

Megaherz gmbh/TELEPOOL GmbH: 10 o, 23, 23, 36 · Max-Planck-Institut für evolutionäre Anthropologie, Leipzig: 2, 4 r, 24, 28 u · gettyimages®: 4 l, 5 r, 8, 9, 11, 14, 20, 24, 25, 27, 30 o, 31, 42
Baumhaus Verlag/Stephan Cropp: 5 l, 6, 7, 12, 14, 15, 16, 19, 20, 21, 22, 32, 33, 38, 39, 43
Zoo Duisburg: 10 · Zoo Leipzig: 27 o · Pixelquelle:13, 15 r, 25 u, 30 u · Naturfoto-online: 18, 30 r
Baumhaus Verlag/Massimo Fiorito: 19, 27 u, 37, 44 · Tierfotoagentur: 21 l, 28 o, 34/35
Michael Neugebauer: 29 · Panthermedia: 40, 41

Umschlagfoto: megaherz gmbh

Vielen Dank an Willi Weitzel für die freundliche Unterstützung

Gesamtverzeichnis schickt gern:
Baumhaus Verlag GmbH
Juliusstraße 12
60487 Frankfurt am Main

Anne Buhrfeind

Willi wills wissen

Wie lebt's sich so als Tier im Zoo?

BAUMHAUS
VERLAG

Im Zoo leben viele verschiedene Tiere zusammen. Wie bei den Menschen verstehen sich einige Arten so gut, dass sie eine „Wohngemeinschaft" bilden. Andere dagegen müssen voneinander getrennt werden, damit sie sich nicht streiten.

Mona hält lieber die Klappe

„Mona? Hallo Mona! Wie geht's dir heute so? Hast du schon gefrühstückt? Mooona!" Das Kamel antwortet einfach nicht. Spricht wohl nicht mit jedem. Schon gar nicht mit Reportern!
„Moona!"
Na ja, vielleicht liegt's daran, dass Mona eigentlich aus der Wüste kommt und wohl deshalb meine Sprache nicht versteht. Denn Mona ist ein richtiges Kamel, eines mit einem Höcker. Mona lebt im Zoo. Und ich möchte wissen, wie das so ist, das Leben im Zoo. Was tun die Tiere hier den ganzen Tag? Spielen sie mit Freunden? Gibt's genug zu essen für alle? Wie sieht die Speisekarte aus? Und welche Tiere leben hier überhaupt?
Weil Mona nicht mit mir redet, versuch ich's mal mit Martin. Dr. Martin Becker, er ist Experte für Zootiere und arbeitet im Opel-Zoo in Kronberg. Das ist in der Nähe von Frankfurt am Main im Taunus. Martin weiß alles über Mona.
„Hallo Martin, hat sie schon gefrühstückt?"
„Ja", sagt Martin, „und zwar Heu. In der Wüste, wo Monas Verwandte leben, fressen sie auch nur dröges Zeug,

Kamel bezeichnet nicht nur eine Tierart, sondern eine ganze Familie: Dazu gehören Dromedare (1 Höcker), Trampeltiere (2 Höcker) und Lamas (0 Höcker).

Die Füße hier passen in keinen Turnschuh. Dafür passen Kamelfüße perfekt auf weichen Wüstensand. Weicher Wüstensand? Na, in den Dünen zum Beispiel.

Mona!

Mona!

Moona!

Moonaa!

Bocksdorn, Äste vom Johannisbrotbaum – was die Wüste so hergibt. Hier im Zoo kommt Saftigeres auf den Tisch: Gras von der Weide, Blätter von den Bäumen und im Winter Heu." Obwohl Mona nur einen Höcker hat, ist sie ein Kamel, erklärt mir Dr. Becker. Und warum hat Mona so breite Füße? Damit sie im Wüstensand nicht einsinkt. An den Füßen befinden sich jeweils nur zwei Zehen, die gebogene Nägel haben. So wird die Vorderkante der Füße geschützt. Und warum hat Mona so lange Wimpern? Damit der Wüstensand nicht in ihre braunen Augen weht!

Moooo-naaaaa!!

Weiter geht's. Martin zeigt mir ein Holzhaus, in Wirklichkeit ist es wohl eher ein Stall, wenn auch einer von der luxuriösen Sorte. „Soll ich mal den Riegel beiseite schieben?", frage ich. „Das kannst du tun!" „Kommen denn da auch Tiere raus?" „Ja, sicher." „Gefährliche?" „Schau doch einfach mal ..."

Ist das Kamel jetzt schwerhörig oder will es einfach nicht mit mir reden? Jedenfalls schweigt es. Kamele sind übrigens die einzige Familie der Unterordnung der so genannten Schwielensohler – also keine Schweigesohler. Also könnte Mona doch eigentlich mit mir sprechen.

?

Große Sprünge im Gehege

Von Hüpfern und Beuteln

Ich schiebe den Riegel zur Seite, springe aus dem Weg, gleich öffnet sich die Tür und heraus hoppeln – Kängurus. Eins, zwei, drei, ganz viele!

Ich mache ein paar Hüpfer hinterher, aber sie kümmern sich gar nicht um mich. Ist vielleicht auch besser so. Sie sehen zwar witzig aus, mit ihren eher kleinen Vorderfüßen und den kräftigen langen Hinterläufen.

Aber Martin erklärt mir, dass sie ganz schön boxen und treten können. Sie müssen sich ja auch verteidigen können, selbst wenn sie im Zoo leben.
Hier hat man den Kängurus ein bisschen australische Heimat hingebaut, so gut es eben geht. Kleine Hügel, Büsche, Platz genug, um ein paar große Sprünge zu machen. Den brauchen sie, denn Kängurus springen bis zu zwölf Meter weit!

„Martin, können Kängurus Heimweh haben?"
„Nein", erklärt Martin. „Diese jedenfalls nicht. Sie sind im Zoo geboren. Und zwar als winzig kleine Wesen: kleiner als ein Maikäfer. Das Mini-Känguru kriecht nach der Geburt am Fell seiner Mutter hoch bis in den Beutel. Mama hilft kein bisschen."

Kann sie auch gar nicht, erfahre ich, weil ihre Vorderpfoten zu groß sind, um so kleinen Nachwuchs in den Griff zu kriegen. Im Beutel findet das kleine Känguru die Zitzen und kann in aller Ruhe trinken und groß werden. Bis zu neun Monate bleibt es im Beutel, bis es so zwei bis vier Kilo schwer ist. Kängurus sind also Beuteltiere, die größten der Welt. Es gibt sie nur in Australien. Na ja, und eben hier im Zoo. Wenn sie es gut haben, wenn die Tierpfleger sie ordentlich pflegen, ihnen das Richtige zu fressen geben und Gelegenheit zum Jagen und Spielen, dann vermehren sie sich auch, kriegen also Nachwuchs.

Da würde ich auch gern mal rausgucken. Ist bestimmt eine tolle Aussicht und sehr kuschlig hier.

Er sieht eklig aus und ist es auch: der Floh. Aber er ist der echte Weltmeister im Weitsprung. Er springt zwar nur 30 Zentimeter weit. Aber er ist ja auch nur einen Millimeter groß, und wenn man seine Körpergröße berücksichtigt und das auf den Menschen umrechnet, müssten wir bei unserer Körpergröße 300 Meter weit hüpfen, um die gleiche Leistung zu schaffen.

Au Backe, so ein Känguru ist ganz schön schnell auf den Beinen, da lohnt sich kein Wetthüpfen für mich.

Die meisten Tiere, die im Zoo leben, sind im Zoo geboren.

Verrückt: Einige Tiere haben es im Zoo sogar besser als in ihrem natürlichen Lebensraum. Denn da gibt es Wilderer, die es auf Elefantenzähne und Löwenfelle abgesehen haben, da gibt es immer mehr Straßen und Zäune, immer weniger zu fressen, verdrecktes Wasser. Im Zoo gibt es keine Hungersnöte, keine Rivalen ums Revier, keine Dürre, und wenn's zu kalt wird, geht man einfach in den Stall.

Weglaufen, Ausbüxen, Abhauen?

Wolltest du das nicht auch schon mal? Weil die anderen alle doof sind oder weil dich deine Eltern geärgert haben oder weil du einfach mal was erleben willst ... Tieren geht es nicht viel anders. Die sind auch neugierig! Aus einem Tierpark in Rheinland-Pfalz sind mal gleich drei Känguru-Damen entsprungen – und haben ihren männlichen Haushaltsvorstand bedröppelt zurückgelassen. Sie kamen übrigens prima zurecht. Im Schwarzwald und in der Eifel soll es schon ganze Kängurufamilien geben ... Freddy, ein Berberaffe aus dem Zoo in Neumünster, ist der Ausbrecherkönig. Er verließ praktisch täglich sein Gehege, um einen Ausflug zu machen. Und kehrte immer brav zurück. Ein chinesischer Zoo suchte kürzlich dreizehn seltene Krokodile, die nach einer Überschwemmung ausgebrochen waren. Und im New Yorker Zoo packten das Zebra Marty, der Löwe Alex, die Giraffe Melman und das Nilpferd Gloria die Koffer – Moment mal, war das nicht im Kino? Ja, das war „Madagaskar"! Aber der junge Nasenbär, der eine Polizeiwache verwüstete und laut quiekend protestierte, als die Tierpfleger ihn zurück in den Berliner Zoo bringen wollten, der war echt.

Der Weitsprungweltrekord von Menschen liegt bei 8,95 Metern.

Ein Känguru besitzt eine viel größere Sprungkraft. Es kann bis zu 12 Meter weit springen.

Chef-Tierpfleger Jochen bittet zu Tisch.
Jetzt gibt's Mittagfressen! Bananen und
Eier? Passt das zusammen?

Feinschmecker gibt's nicht nur bei Menschen:

Manche Tiere sind wählerisch. Koalas zum Beispiel wollen unbedingt Eukalyptusblätter, möglichst frisch vom Baum, und sonst fast gar nichts. So muss der Zoo in Duisburg jede Woche 270 Kilo Eukalyptusblätter von einer Plantage in Amerika einfliegen. Das ist teuer! Deshalb pflanzt der Zoo diese Bäume jetzt selbst in einem Gewächshaus an. Übrigens ist Duisburg der einzige Zoo in Deutschland, der Koalas hält. Kein Wunder, oder? Bei dem Aufwand!

Was schmeckt wem?

„Mittagfressen!" Jochen schleppt Kisten voller Salat und Bananen, Möhren und Paprika in seinen Transporter. Jochen ist der Zoo-Inspektor. Inspektor? „Ja", sagt Jochen. „Aber das heißt nur so wie bei der Kriminalpolizei!"

Jochen ist der Chef der Tierpfleger im Zoo, er organisiert zum Beispiel das Ernährungsprogramm. Ich nehme mir eine Banane aus einer der Kisten. Ist die echt? Und süß? „Kannst du ruhig probieren!", sagt Jochen. Tatsächlich, eine schöne reife Banane, und auch das Gemüse in der Kiste sieht so lecker

aus, dass ich sofort reinbeißen möchte. Aber ich bin im Dienst und das Futter gehört den Tieren.

Jetzt will ich wissen, wer hier welches Menü serviert bekommt, und deshalb helfe ich ein bisschen. Beim Kellnern! Tischdecken ist nicht nötig. Aber es ist sehr wichtig, für jedes Tier das Richtige auszusuchen. Als Erstes gehen wir zu den Pferden. Vielleicht darf ich auch eine Runde reiten ... „Willi!", sagt Jochen. „Wir gehen doch zu den Flusspferden!" Okay, okay! Tana – so heißt die umfangreiche Dame – reißt schon das Maul auf, vier lange starke Zähne ragen einzeln aus dem Unterkiefer heraus. Ich stelle mir vor, wie die sich in den Äpfeln und Möhren verhaken. Oder in meinen Arm ...

Aber Tana hat es nicht auf mich abgesehen, sondern auf vegetarische Kost. Sie braucht

Zu Tisch, bitte!

50 Kilogramm Gras und Gemüse – am Tag wohlgemerkt –, um ihr Traumgewicht zu halten. Es dauert sicher Stunden, bis sie das alles zerkleinert hat. Mit vier Zähnen! Na ja, das stimmt nicht ganz. Was ich da zunächst nur gesehen habe, sind die vorspringenden Schneidezähne, erklärt mir Jochen. „Die benutzt sie fast so wie eine Heugabel beim Grasen. Sie hat schon noch mehr Zähne."

50 Kilogramm – das reicht bei uns Menschen für eine Fußballmannschaft, und zwar eine ganze Woche lang! Oder? 50 Kilo durch elf, das sind – ahem, Moment, vier komma ... Tana sind meine Rechnereien egal. Sie wirft

mir noch einen gleichgültigen Blick zu und geht dann auf Tauchstation. Das soll ich mal nicht persönlich nehmen, meint Jochen, sie tut das fast den ganzen Tag.

Der Nachwuchs der Flusspferde – heißen die etwa Flussfohlen? – wird sogar unter Wasser geboren. Im flachen Wasser, weil die Jungtiere direkt nach der Geburt zwar schwimmen und tauchen können, aber schnell entkräften und im tiefen Wasser ertrinken könnten. „Tschüss, Tana! Wir müssen weiter Mittagfressen

WWW
Auch in Hagenbecks Tierpark in Hamburg haben die Bewohner einen guten Appetit. Das Futter für die 2500 Tiere kostet etwa 2600 Euro. Und das jeden Tag!

verteilen." Puh, das ist ja echt harte Arbeit! Die Schneeeule bekommt zum Beispiel tote Küken. Ein großer Brocken Rindfleisch ist für die Hyänen. Sie haben das stärkste Gebiss im Tierreich.

„Jochen! Wer ist als Nächstes dran?"

Tana reißt hungrig das Maul auf. Sie ernährt sich ganz vernünftig, wie eigentlich fast alle Tiere. Flusspferde sind Vegetarier. Im Zoo gibt's Gemüse, in der Wildnis ist Sumpfgras die Lieblingsspeise.

Große Tiere, großer Appetit!

Dickhäuter haben ordentlich Hunger

Die Elefanten! Da fahren wir mit dem Transporter hin, denn Elefanten fressen so viel, da könnten wir sonst den ganzen Tag Kisten schleppen. Der größte Elefant hier im Zoo hält sich noch im Hintergrund, will erst mal seine Damen an die Leckerbissen ranlassen. Ich schnappe mir eine Kiste Möhren und hole weit aus. Mann, ist die schwer, ob ich die über den Zaun werfen kann ...?

„Willi! So geht das nicht", werde ich vom Tierpfleger ermahnt, „jede Möhre einzeln, bitte!" Elefanten scheinen „Tischmanieren" zu haben, denn sie fressen immer schön ein Häppchen nach dem anderen. Hast du auch schon mal Elefanten gefüttert? Kennst du das komische Gefühl, Elefanten-Sabber an der Hand zu haben? Ups, da kommt der Rüssel schon, sabbert und schwingt über den Zaun. Aber die Elefantenkuh hat mit ihren kleinen

Äuglein das Ziel schon fest ins Visier genommen: die Möhre in meiner Hand. Ich reiche sie hin. Sie greift vorsichtig zu und rollt den Rüssel samt Karotte gekonnt ins Maul. Ich wische mir heimlich die Elefantenspucke an die Hose und gucke in die Kiste: Was nehmen wir jetzt? O.k., einen Apfel. „Guck mal!", sagt Jochen da, streckt den Arm mit dem Apfel in der Hand nach oben und die Elefantenfrau hebt sofort den Rüssel.

Gleich ist im Zoo Mittagspause. Die Elefanten schwenken ihre Rüssel schon in Richtung Futter. Die sollen jetzt nur nicht ungeduldig werden. In der freien Natur müssen die dickhäutigen Pflanzenfresser schließlich auch erst Gräser und Blätter finden. Und dafür sind sie oft lange unterwegs.

Jetzt wirft Jochen ein Brötchen ins aufgerissene Maul: getroffen!

Jetzt nähert sich uns der größte Elefant, wir treten mal vorsichtshalber einen Schritt zurück. Wow, ist das ein Riese! Dabei ist er noch gar nicht

Gummibären für die Eisbären?

Tiere füttern ist wichtig, aber das überlassen wir lieber den Tierpflegern. Selber füttern kommt nicht in Frage, das gibt Ärger – vor allem für die Tiere. Kuchen, Nudeln, Brot und Brötchen: Daran können sie sich überfressen, sie werden unnatürlich dick und krank. Wiederkäuer wie Hirsche bekommen Koliken, bei Nahrungsspezialisten wie Elchen und Giraffen kann die Verdauung komplett gestört werden, so dass sie daran sterben.
In einigen Zoos gibt es manchmal frisches Gemüse, das man an die Tiere verfüttern darf. Natürlich nicht an alle Tiere. Oder es gibt abgepacktes Trockenfutter zu kaufen. Auf der Packung steht dann meistens, welchen Tieren es wirklich gut bekommt.

Das große Frühstück

In Afrika ernähren sich Elefanten von Rinden, Ästen und Wurzeln. Und hauptsächlich von Gras. Manchmal finden sie auch Früchte am Baum. Und was bekommen sie im Zoo? Zum Frühstück zum Beispiel drei Kilo Kleie, mit lauwarmem Wasser angerührt, gewürzt und mit Vitaminen und Mineralien angereichert. Im Laufe des Tages knabbern sie Gras und Äste, das erhält die Zähne gesund. Abends gibt es noch mal Heu oder frisch geschnittenes Gras, verschiedenes Gemüse und frisches Obst – insgesamt etwa 130 Kilo. Ein ausgewachsener Bulle braucht sogar 200 Kilo. Außerdem trinkt ein Elefant wie Ali bis zu 200 Liter Wasser am Tag.

ausgewachsen! Alte Elefantenbullen können das Gewicht von bis zu sieben Autos auf die Waage bringen. Der größte bekannte Elefant, ein 1974 in Afrika erlegter Bulle, wog 12 400 Kilogramm, das ist schwerer als 10 Kleinwagen. Jochen streut sich etwas Körnerfutter auf die flache Hand. „Na, da lacht sich der Kerl doch kaputt", sage ich. „Wenn er's überhaupt sieht! Das ist ja so,

als würdest du mir drei Salzkörner anbieten ..."
„Wart's ab!" sagt Jochen. Tatsächlich. Dieser Elefant scheint sich auch für kleinste Kleinigkeiten zu interessieren. Er setzt seine Rüsselspitze auf Jochens Hand und – flutsch! – verschwinden die Körner im Rüssel. Ich staune: „Funktioniert ja wie ein Staubsauger!"

Tolle Technik: Der Rüssel des Elefantens funktioniert wie ein Universal-Werkzeug. Er kann damit greifen und sogar saugen wie ein Staubsauger.

Die Auflösung findest du auf Seite 45 unten.

Kleider machen Leute

Gut, machen wir mal eine Futterpause und lösen ein Rätsel: Hier oben siehst du die Felle einiger Wildtiere. Kennst du sie? Probier doch mal, wie viele du erraten kannst. Na? Ich habe drei geschafft. Tiger, Zebra, Giraffe. Und du? Ich wette, du hast auch den Gepard mit dem Leopard verwechselt. Nein? Sehr gut!

„Warum hat die Giraffe sich so ein helles Netz über das braune Fell gelegt?", will ich

WWW Jedes Zebra hat ein individuelles Muster. Jedes ist so unverwechselbar wie der Fingerabdruck bei uns Menschen. Innerhalb einer Herde können sich die Zebras an dieser Zeichnung eindeutig erkennen.

wissen. Aus Sicherheitsgründen, erklärt mir Martin. Im Buschland ist so ein Muster die optimale Tarnung.

Im Schatten kann man die Giraffe so kaum noch erkennen. „Das habe ich verstanden." Und wo versteckt sich das Zebra? Auf dem Zebrastreifen, oder?
„Du meinst, warum das Zebra seine Streifen hat? Tja. Das kann ich dir nicht sagen. Darüber rätseln die Forscher immer noch!" Als Tarnung in der Steppe wirkt es jedenfalls ziemlich ungeeignet – findest du nicht auch? Es gibt aber auch Naturforscher, die sagen, dass sich Zebras in Licht und Schatten der Steppe durch ihre Streifen ziemlich gut tarnen können. Auf jeden Fall können Raubtiere das einzelne Tier so schlecht erkennen, wenn sie eine ganze Zebraherde sehen.

Wem gehören diese Kleider?

Komisch. Manche Tiere wollen sich gut tarnen, andere wollen sich zeigen. Die bunten Aras zum Beispiel.

„Oh nein", sagt Martin. „In den Bäumen des Urwalds sind die Aras ebenfalls getarnt, ihre wahre Pracht entfalten sie oft erst, wenn sie die Flügel ausklappen und losfliegen."

„Okay. Und die Pfauen, die da ihre schweren Federn über die Wiese schleppen?" „Ja, die wollen den Damen impo-

nieren. Aber das tun sie nur während der Paarungszeit im Frühjahr, danach werfen sie die eigentlich hinderlichen Riesenfedern ab."

Schon klar, dass sich die Tiere hinter ihren Kleidern nicht nur verstecken wollen. Sondern sie wollen sich auch zeigen! Es gibt Zeiten, da möchten sie sich als interessante, gut aussehende Partner für die Paarung präsentieren. Und dann wieder als Furcht einflößende Anführer – da hilft dem Löwenmännchen zum Beispiel seine

üppige Mähne. Andererseits wollen beispielsweise Zebras oder Giraffen in Ruhe fressen oder dösen – und „kleiden" sich lieber unauffällig. Und auch der lauernde Räuber möchte nicht gleich erkannt werden. Tarnung ist für die Tiere also lebenswichtig. Oft ist sie perfekt. Das kannst du auch im Zoo beobachten. Bei Schlangen zum Beispiel. Es würde mich wundern, wenn du die auf den ersten Blick entdeckst.

Auch die Jäger müssen sich tarnen, damit sie sich besser an ihre Beute heranschleichen können, ohne entdeckt zu werden. Wie zum Beispiel dieser Luchs hier.

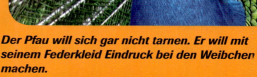

Der Pfau will sich gar nicht tarnen. Er will mit seinem Federkleid Eindruck bei den Weibchen machen.

Hier geht's der Länge nach

So, die Fütterung geht weiter. „Martin, warum darf ich die Zebras nicht füttern?"
„Hab ich dir das nicht schon erklärt? Die meisten Tiere füttern wir lieber selbst. Alles andere wäre auch viel zu gefährlich. Entweder für dich oder für die Tiere. Die Löwen und Tiger zum Beispiel könnten ja zur Abwechslung dich fressen. Oder die Vögel – da hätte ich Angst, du würdest sie uns wegfliegen lassen."

„Und die Giraffen kann ich wohl nicht füttern – weil ich nicht dran komme!"
„George, unser Bulle, ist über fünf Meter hoch. Aber er lässt sich bestimmt ein bisschen hinab zu dir."
Ein bisschen! Also, dafür dass ich Reporter bin, bin ich ja auch nicht gerade so klein. Aber für George werde ich meinen Arm wohl ganz schön lang machen müssen ...

Martin und ich gehen nun rüber zum Giraffengehege. Hinter dem hohen Zaun bewegen sich George und seine Freundinnen so langsam wie in Zeitlupe. Das liegt daran, dass

> **Giraffen sagen keinen Mucks, sie bellen, brüllen und flüstern nicht. Sie verständigen sich mit Blicken, Gesten und Infraschall – das sind Töne, die wir Menschen nicht hören können. Verrückt!**

sie so unvorstellbar groß sind! Giraffen sind überhaupt eigenartige Wesen. Interessant, was Martin mir erzählt: Sie sind absolute Nahrungsspezialisten. Sie knabbern nur an bestimmten Blättern, Trieben, Knospen und Rinden. Falsches Futter, und seien es nur Gras oder

Die Giraffen im Zoo bewegen sich wie in Zeitlupe vorwärts. Das liegt vor allem daran, dass sie so unvorstellbar groß sind.

einfach die falschen Blätter, kann das Verdauungssystem der Giraffen empfindlich stören. Schwere Krankheit oder Tod können die Folge sein. Also: bloß nicht füttern! Aber wie und wo ernähren sich die Langhälse hier im Zoo? Sie bekommen Heu, aber nicht irgendein Heu. Es handelt sich um Luzerne, einen Verwandten des Klees, und sie fressen das Zeug aus einem Futterkorb, der in schwindelnder Höhe an einem Mast hängt.

„Martin, warum haben Giraffen eigentlich so lange Hälse?" Martin erinnert mich daran, dass die schlanken Schönheiten nicht nur lange Hälse, sondern auch lange Beine haben.

Die Giraffe wird bis zu 5 Meter groß.

Ganz schön riesig, diese Giraffen! Damit du dir die Größenunterschiede besser vorstellen kannst, sind hier Vergleiche zu anderen Tieren und natürlich zu meiner Körpergröße zu sehen.

Ein ausgewachsener Elefantenbulle erreicht eine Körpergröße von 3,50 Metern.

Mein Hamster, ungefähr 15 cm groß

Das bin ich und gerade mal 1,86 Meter groß.

Hier sind die Spezialisten!

Wasser finden sie auch, wenn sie Blätter fressen

„Giraffen sind darauf spezialisiert, in den Baumkronen zu weiden." So ist das nun mal in der Tierwelt. Jeder sucht sich seinen „Beruf" – und sein Futter dort, wo möglichst wenig Konkurrenz unterwegs ist. „Und finden sie da oben auch was zu trinken?", will ich wissen.
Blöde Frage, denke ich, aber Martin weiß schon, was ich meine. „Na ja, sie brauchen nicht viel. Tatsächlich bekommen sie mit der

Nahrung ausreichend Flüssigkeit. In Afrika können sie wochenlang ohne Wasser auskommen. Aber wenn sie trinken wollen, dann müssen sie in die Knie gehen."

Ich gucke mir die Beine noch mal genauer an. Und den schräg abfallenden Rücken. „Die Vorderbeine sind ja viel länger als die hinteren! Das ist doch unpraktisch beim Trinken, oder?", frage ich.
„Ja, sie müssen eben nicht nur in die Knie gehen, sondern die Beine auch noch ganz schön spreizen. Aber dann geht's."

Giraffen sind nicht doof. Und sie haben ein großes Herz. Das brauchen sie auch für den Grips. Denn das Herz hält den Blutkreislauf in Schwung und bei unseren Langhälsen muss das Herz ganz schön pumpen, um das Gehirn mit Blut zu versorgen. Also haben sie ein großes, starkes, zwölf Kilo schweres Herz. Es kann 60 Liter Blut pro Minute durch den karierten Körper pumpen. Zum Vergleich: Das menschliche Herz schafft gerade mal 5 Liter pro Minute und nur bei äußerster Anstrengung kann es bis zu 30 Liter je Minute pumpen.

Morgengymnastik. Wenn eine Giraffe Durst hat, muss sie ihren Hals lang machen und die Beine anwinkeln. Sieht so ein bisschen aus wie Liegestütze. Eine schöne Dehnübung ...

Und dann hat Martin mir noch was Komisches erzählt. Giraffen haben eine Zunge. Okay, das ist nicht so komisch. Aber die Zunge ist blau – und bis zu einem halben Meter lang! Die Giraffe ergreift mit der Zunge Zweige und führt mit ihr die Blätter in das Maul.

Giraffen waren übrigens einmal eine viel artenreichere Gruppe, als sie es heute sind. Sie lebten sogar mal in Europa und Asien. Ursprünglich hatten die Giraffen eher eine hirschähnliche Gestalt und verfügten noch nicht über ein solches spezielles Aussehen wie die Giraffen heute.

WWW Achtung bitte, Aufnahme!

Ahem, ich meine Ausnahme! In Hamburg hab ich schon mal eine Giraffe gefüttert. In Hagenbecks Tierpark gibt es nämlich eine extra Futter-Treppe: Du steigst hinauf, bis du mit den Giraffen auf Augenhöhe bist, dann kannst du ihnen was zu fressen geben – aber klar, nur das Trockenfutter, das dir die Leute vom Zoo unten dafür gegeben haben!

Guck mal, eine Giraffe beim Fressen. Wer ihr den Fresskorb so hoch gehängt hat? Tja. Ich natürlich!

Und wenn sie das Heu noch so gut kaut, sie muss es ein zweites Mal tun: Giraffen sind Wiederkäuer. So können sie auch solche Nahrungsbestandteile nutzen, die für andere Pflanzenfresser unverdaulich sind.

Wer bitte guckt hier immerzu zu?

Eila und Ole, zwei junge Elche, stehen hier im Zoo unter ständiger Beobachtung. Denn Chris guckt ganz genau hin, was die beiden Tiere so machen. Ob sie stehen, grasen, liegen – alles notiert Chris sorgfältig auf einem Beobachtungsbogen. Jede Minute!

Jetzt gerade knickt Ole seine Vorderbeine ein.

„Guck mal, warum macht er das?"

„Weil es bequemer ist zum Grasen! Eila spreizt lieber ihre langen Beine, dann kommt sie auch bis an den Boden."

Jetzt will ich es aber wissen: „Warum schaust du ihnen den ganzen Tag zu, Chris? Studierst du Elch-Verhalten?"

„So ähnlich. Ich bin Biologin und schreibe eine Arbeit in Verhaltensforschung. Ich will herausfinden, ob sich die Elche im Zoo genauso verhalten wie in ihrer Heimat, in den nördlichen Wäldern."

„Und?"

„Ich weiß es noch nicht. Ich forsche ja noch!"

„Und was machst du nachts? Guckst du ihnen da auch zu?"

Chris lacht. „Nachts schlafe ich. Aber eine Kamera schaut den Elchen zu. Eine spezielle Nachtsichtkamera, die alle 25 Sekunden ein Bild macht. Dann hab ich am nächsten Tag den Überblick!"

Überhaupt, das ist ja wirklich ein spannendes Thema: Was machen eigentlich die Tiere nachts? Ich lasse es mir erklären. Es gibt tagaktive und nachtaktive Tiere, erfahre ich.

Unabhängig von der Tageszeit gibt es im Tierreich Kurz- und Langschläfer. Zu den Langschläfern gehören mit 17 bis 20 Stunden die Fledermaus und der Igel. Auch der Löwe schläft bis zu 20 Stunden

Das Erdmännchen kuschelt sich nachts in seiner Höhle zusammen.

Das Flusspferd ist aktiv: Es frisst seine Nachtration Gras.

Die Giraffe schläft insgesamt 20 Minuten, immer nur drei bis vier Minuten auf einmal, nie schlafen alle Tiere gleichzeitig. Sie passen aufeinander auf!

Was machen die Tiere nachts?

am Tag und geht oft in der Dunkelheit oder in den kühlen Morgenstunden jagen. Die Giraffe dagegen, eins seiner Lieblingsfressen, ist ständig auf der Hut und nickt nur für ein paar Minuten ein. Sie zählt zu den Kurzschläfern, wie auch die Gazelle und der Elefant. Elefanten halten keine richtige Nachtruhe. Sie sind fast den ganzen Tag mit Nahrungsaufnahme beschäftigt, weil es einfach dauert, bis sie ausreichend Heu, Gras und Blätter zusammengeknabbert haben. In vielen Zoos beginnt für man-

che Tiere die aktive Phase erst dann, wenn die Besucher gegangen sind. Diese Tiere sind perfekt auf ein Leben in der Finsternis eingestellt. Sie sehen vielleicht nicht so gut, können sich aber trotzdem orientieren. Fledermäuse zum Beispiel erobern mit ihrem Echolot-System nachts den Luftraum, der tagsüber den Vögeln gehört – ihren Nahrungskonkurrenten.

WWW Ein Besuch im Nachttierhaus

Im Zoo in Frankfurt am Main gibt es ein richtiges Nachttierhaus. Es ist nach dem berühmten Zoologen und langjährigen Direktor des Zoos benannt: Professor Dr. Bernhard Grzimek. In dem Nachttierhaus wurden nicht nur die Fenster weggelassen und das Licht ausgeknipst, sondern auch nächtliche Temperaturen und Luftfeuchtigkeit hergestellt. Hier leben Geschöpfe mit so putzigen Namen wie Rotbauchtamarin oder Igeltanrek oder Kiwi und Kowari. Übrigens: In Frankfurt am Main gibt's auch eine Band mit dem Namen Nachttierhaus. Die spielen aber nicht nachts mit Tieren, die machen richtigen Hip Hop und Jazz.

Der Elefant ist ein Kurzschläfer und schläft nur bis zu vier Stunden, davon nachts etwa eine Stunde im Liegen.

Der Löwe schläft fast den ganzen Tag. Jagen geht er in der Dämmerung.

Nasenbären kommen aus Südamerika. Sie sind richtig nette Tierchen: sozial, neugierig, verfressen und frech. Also süße Haustiere? Nee. Sie brauchen viel Platz. Und viele Artgenossen!

Gleich macht's Pieks!

Wer im Opel-Zoo Bären sehen will, der geht zu denen mit den Nasen. Das mach ich auch. Nasenbären sind ziemlich niedliche Bären. Und sie sind sehr klein. Dafür ist die Nase ganz schön lang. Bei den Nasenbären treffe ich Frau Dr. Grenz. Was macht sie denn da drinnen bei den Tieren?

„Einer der Nasenbären, er heißt Nelly, ist krank. Jetzt müssen wir herausfinden, was ihm fehlt," erklärt mir Frau Dr., die wirklich eine Zootierärztin ist. „Deshalb haben wir eben eine Haarprobe genommen."

„Woher wissen Sie denn, dass sie krank ist? Hat sie geweint?"

„Nein, Tiere sind in der Regel nicht so schmerzempfindlich wie wir. Außerdem können gerade Wildtiere ihre Krankheit lange verbergen. Schließlich kann es in der freien Natur tödlich sein, Schwäche zu zeigen – da wird man schnell eine leichte Beute für die Raubtiere." Die Tierärztin hat gesehen, dass Nellys Fell nicht gut aussieht und dass sie sich viel kratzt. Also schauen wir nach. Und wir geben ihm vorsorglich eine Spritze.

Eine Spritze! Wer hat das schon gern! Die Ärztin setzt mir den kleinen Bären auf den Arm, aber, schwupp, hat er sich schon wieder davongemacht. Da muss ich wie ein Profi ran! Ich halte Nelly jetzt fest wie eine Katze und schnell setzt Frau Dr. Grenz die Spritze in den Rücken.

Nelly quiekt – und dann darf sie davonspringen. Aber sie kommt noch mal zurück, um sich ein Leckerli abzuholen. „Belohnung muss sein", erklärt die Tierärztin. „Sonst würde sie später nicht wiederkommen." „Und was passiert jetzt mit dem Haar?", will ich wissen.

www Bei den Nasenbären leben die Weibchen und die Jungtiere in einer Gruppe. Die Männchen sind Einzelgänger und nähern sich der Gruppe nur zur Paarungszeit. Nach der Paarung werden sie wieder vertrieben!

„Das tun wir jetzt auf einen Nährboden, da wachsen die möglichen Krankheitskeime besonders schnell und in ein paar Wochen schauen wir, ob

Quieken,
wenn die Ärztin kommt!

Nelly tatsächlich eine Pilzer-krankung hat", erklärt mir die Ärtztin. „Dann wissen wir, wie wir sie behandeln müssen."

Still und leise

Nasenbären kann man sich schon mal greifen, wenn man sie braucht. Aber was machen Zootierärzte, wenn sie einen Braunbären oder einen scheu-en Hirsch behandeln müssen? Nicht selten kom-men die Tierärzte dann mit einer „fliegenden" Spritze! Sie benutzen Giftpfeil und Blasrohrge-wehr und können so einen Rothirsch bis auf 20 Meter Entfer-nung betäu-ben.

Was macht ein Tierarzt im Zoo?

Er muss ...

- kleine Biss- und Risswunden nähen.
- die Tiere gegen Krankheiten impfen.
- manchmal durch ein Blasrohr einen Narkosepfeil abschießen, um große Tiere für die Behandlung „stillzulegen".
- Kotproben nehmen und sie auf Parasiten untersu-chen, die gefährliche Krankheiten übertragen.
- sich zusammen mit den Tierpflegern um die Krankheitsvorbeugung kümmern.
- alte und schwache Tiere einschläfern, wenn sie Schmerzen haben.
- den Tiermüttern helfen, ihre Babys zur Welt zu bringen. Aber nur im Notfall, wenn nichts anderes mehr geht. Die allermeisten Wildtiere wollen bei der Geburt allein und ungestört sein.

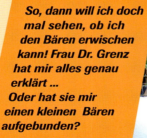

So, dann will ich doch mal sehen, ob ich den Bären erwischen kann! Frau Dr. Grenz hat mir alles genau erklärt ...
Oder hat sie mir einen kleinen Bären aufgebunden?

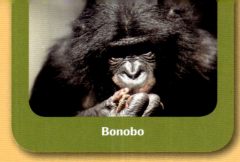
Bonobo

Orang-Utan

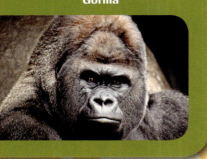
Gorilla

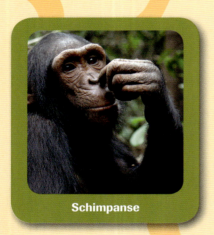
Schimpanse

Warum finden wir Menschen Affen so toll?

So, jetzt bin ich mal noch in einen anderen Zoo gefahren, fast vierhundert Kilometer weiter östlich. In Leipzig gibt es nämlich enorm viele Affen. Menschenaffen nämlich. „Hominidae", sagt Michael Ernst, der Tierpfleger hier. „Das ist die lateinische Familienbezeichnung für Menschenaffen. Die Orang-Utans haben noch den Gattungsnamen

Pongo. Heißt so was wie Waldmensch." Klingt sehr wissenschaftlich. Menschenaffen leben in der Natur vor allem im zentralen Afrika und in Südostasien, erfahre ich.

Sie sind sehr robust gebaute Tiere mit einem Gewicht von 30 bis 270 Kilogramm. Alle Menschenaffen haben eine verhältnismäßig große Schädelhöhle, die ein großes Gehirn birgt. Deshalb gelten sie auch als sehr intelligente Tiere. „Michael, wie viele verschiedene Menschenaffen gibt es in Leipzig?", frage ich ihn. „Etwa 50 von ihnen wohnen bei uns in Pongoland. Einer ist anders als der andere. Jeder hat seinen eigenen Charakter."

Es gibt Schimpansen, Gorillas, Orang-Utans, Bonobos. Und es ist wirklich schwer, die alle auseinander zu halten. Mir sind die Affen übrigens die liebsten Tiere im Zoo. Schimpansen vor allem! Ich kann ihnen stundenlang zugucken.

WWW Das ist ja echt „affenartig"!!!

Es gibt viele Arten von Affen. Die meisten wohnen auf Bäumen, sind scharfsichtig und intelligent. Sie haben Hände und Füße, mit denen sie greifen können. Sie werden langsamer erwachsen als die meisten Tiere, hängen lange an der Mutter – und dann werden sie ziemlich alt. Und viele von ihnen stehen auf der Liste der bedrohten Arten. Von manchen Arten gibt es nur noch ein paar hundert Exemplare. Meist sind Menschen schuld daran. Statt ihre „Verwandten" zu schützen, holzen sie Regenwälder ab, bauen Straßen und Siedlungen in der Wildnis und vernichten damit den Lebensraum der Tiere. Oder sie jagen sie und fangen sie ein, um mit ihnen Geld zu verdienen oder sie sogar als „Delikatesse" zu verspeisen.

Endlich! Affen!

Das Schöne ist: Die genieren sich für gar nichts. Sie pulen in der Nase, sie kratzen sich sogar mal am Po. Sie streiten sich, sie schubsen einander, sie vertragen sich wieder. Da ist doch wunderbar.

Michael lacht. „Guck mal, die jungen Orangs da spielen auch gern mal mit Kindern. Wenn ein Kind seine Hand auf die Glasscheibe legt, legt der Affe seine Hand auf der anderen Seite der Scheibe dagegen. Wir Menschen mögen die Affen wahrscheinlich vor allem, weil sie uns so ähnlich sind! Sie sehen ein bisschen so aus wie wir und sie bewegen

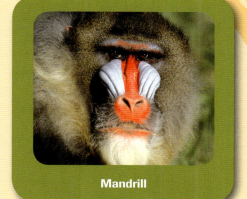

Mandrill

Makake

sich ähnlich wie wir. Sie können mit Werkzeugen umgehen, sie können sogar mit Farben malen und sie leben in Familien. Außerdem bringen sie sich gegenseitig auch Unsinn bei." Stimmt, finde ich, und sie können Grimassen machen.

Löwenäffchen

Der Orang-Utan hier rechts, der scheint mit der gleichen Geste zu überlegen, wie ich das auch oft tue. Oder sieht das nur so aus?

Wie wir wurden, was wir sind!

Die Familiengeschichte?

Rein biologisch betrachtet gehören wir Menschen zu den Homonidae. Orang-Utan, Gorilla, Schimpanse, tja, und du und ich auch. Wir sind alle eine große biologische Familie. Guck mal, sieht der Orang-Utan nicht ein bisschen aus wie dein alter Nachbar?

Obwohl er uns Menschen am wenigsten ähnlich ist. Orang-Utans haben ziemlich lange rote Haare, sie fressen Früchte, Blätter und auch mal ein paar Insekten. Zum Schlafen bauen sie sich Nester in den Baumkronen. Der Orang ist eigentlich in Asien behei-matet. Dort besetzen die Weibchen Gebiete von etwa zwei Quadratkilo-metern Flä-

che, ein Männchen bean-sprucht sogar das Vierfache davon. Es brüllt kräftig, um sein Revier zu markieren. Das tut der Orang im Zoo auch ... In den Tropen wird es allmäh-

WWW

Was ist eigent-lich Evolution?

Die Evolution beschreibt den Ursprung, die Entwick-lung und die Vielfalt des Lebens auf der Erde. Im Laufe ganz großer Zeit-spannen der Erdgeschichte hat auch die Evolution der Lebewesen stattgefunden, also deren Entstehung und Veränderung. Zum Beispiel auch die Entwicklung vom Affen zum Menschen.

lich eng für ihn, weil es immer weniger richtige Tropenwälder gibt, das heißt, für die Affen gibt es in der freien Natur zu wenig Lebensraum. Den Tieren hier im Pongoland geht's aber gut. An einen Platz-mangel mussten sie sich nicht gewöhnen, denn sie wurden ja schon hier im Zoo geboren. Gorillas sind die größten Men-schenaffen. Sie sind in Afrika

Weniger Haare, mehr Gehirn: Und er hat das Werkzeug entdeckt.

Oh! Er hat's ge-merkt: Auf zwei Beinen kann man auch stehen.

Ganz praktisch: Hände hoch, wenn es mal was zu tun gibt.

Auf allen vieren geht man auf Nummer sicher.

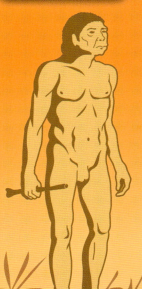

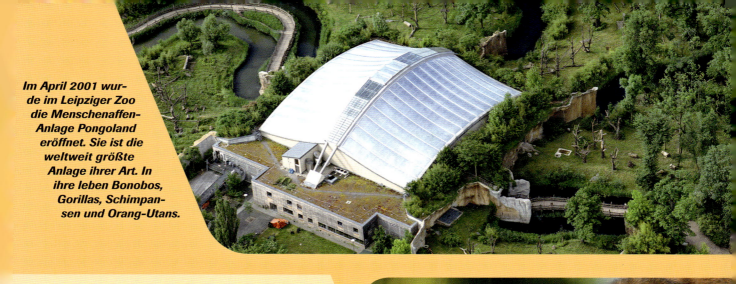

Im April 2001 wurde im Leipziger Zoo die Menschenaffen-Anlage Pongoland eröffnet. Sie ist die weltweit größte Anlage ihrer Art. In ihre leben Bonobos, Gorillas, Schimpansen und Orang-Utans.

beheimatet und sie sind eher auf dem Boden unterwegs und nicht in den Bäumen. Sie leben in Horden (meist ein Männchen, mehrere Weibchen und Jungtiere), die meist friedliche Beziehungen zu Nachbarhorden haben. Aber unter den Männchen, die einen schönen Silberrücken haben, werden Rangkämpfe ausgetragen, um festzustellen, wer der Boss in der Truppe ist.

Und dann ist auch die Gattung der Schimpansen, die ebenfalls in Afrika zu Hause ist, sehr beliebt. Da gibt es zwei Arten: den gemeinen Schimpansen und den Bonobo. Die Schimpansen sind uns Menschen am nächsten verwandt. Genetische Untersuchungen haben das Ergebnis gebracht, dass sich

Mann, so ein Typ kann ganz schön sauer werden. Mit dem möchte ich mich nicht anlegen! Die Gorillamännchen tragen unter sich Rangkämpfe aus, die oft auch tödlich enden.

Tja, und das kam dabei raus: ich! Ich trag jetzt Jeans statt Pelz. Und wenn ich es mir so überlege: Als Baby bin ich gekrabbelt, dann hab ich Laufen gelernt ... Ist doch auch so eine Art Evolution, oder?

die Entwicklungen des Menschen und der Schimpansen schon vor etwa 6 Millionen Jahren getrennt haben. Trotzdem stimmen nach neuesten Untersuchungen etwa 98,7 Prozent des Erbguts von Mensch und Schimpanse überein.

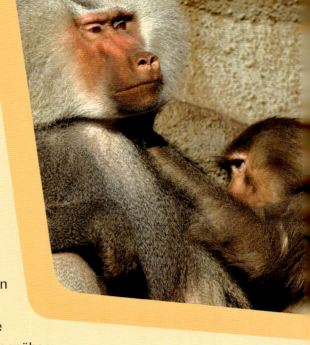

Groomen im Pongoland

Trotz der Ähnlichkeit des Menschen mit dem Schimpansen sind wir ja doch ganz schön anders als die Affen. Oder springst du auch noch immer von Ast zu Ast oder von Schaukel zu Schaukel? Oder, anderes Beispiel, pflückst du etwa auch immer Läuse aus deinem Pelz? Überhaupt, das will ich mal wissen.

„Michael, warum gibt es im Zoo so viele Läuse? Läuse sind auch Tiere, aber braucht man die im Zoo?"

„Unsere Affen haben überhaupt keine Läuse!", erklärt mir Michael. „Wenn sie sich gegenseitig das Fell absuchen, pulen sie sich Hautschuppen und Verunreinigungen raus. Außerdem ist das eine nette Geste den anderen Affen gegenüber. Sie tun sich was Gutes!"

Okay, das verstehe ich. Das ist also etwa so, wie wenn dir deine Mutter die Füße massiert. Oder deiner Schwester stundenlang die Haare kämmt. Und weil die Affen eben keine Läuse haben, wird auch nicht mehr behauptet, dass die Affen sich lausen. Man sagt: Sie groomen sich, erklärt mir Michael. „To groom" – das ist englisch und heißt putzen oder pflegen.

„Es ist ein gutes Zeichen, wenn sie das tun. Das Groomen hat was Beruhigendes für sie, wenn sie Stress miteinander hatten. Rangfragen spielen keine Rolle – jeder groomt jeden."

Pongoland in Leipzig ist nicht nur ein großer Teil des Zoos, es ist auch ein Forschungszentrum. Die Anlage ist die weltweit größte überdachte Anlage für Menschenaffen in einem Zoo. Die Forscher können die Tiere hier durch Fenster von

Im Pongoland in Leipzig kann man das Sozialverhalten der Affen in der Gruppe genau studieren. Und das Tolle ist: Affen sind neugierig und oft freiwillig bereit, miteinander oder auch allein zu spielen.

Jeder „groomt" jeden, was so viel bedeutet, dass die Affen sich gegenseitig helfen, das Fell sauber zu halten und Stress abzubauen. Dabei spielt der eigene Rang in der Gruppe keine Rolle.

Spiele spielen im Pongoland?

oben, von Beobachtungstürmen und überhaupt fast von überall beobachten. Außerdem wurde ein Labor eingerichtet. Ja, die Affen sind insofern auch Versuchstiere. Aber das tut ihnen nicht weh. Denn wenn die Tür zum Gehege geöffnet wird, toben sie gern und von ganz alleine in den Beobachtungskäfig. Hier haben sie Abwechslung und kriegen sogar Belohnungen.

Viele Erkenntnisse über Schimpansen hat die Forscherin Jane Goodall als Erste herausgefunden. Sie entdeckte, dass Schimpansen Werkzeuge benutzen, dass sie mit Zweigen Termiten aus Löchern angeln, dass sie Steine als Hammer und Amboss benutzen, um zum Beispiel Nuss-Schalen zu sprengen.

Forscher wollten auch wissen, ob Affen sich gegenseitig austricksen. Für ein Experiment mit zwei Schimpansen versteckten sie Früchte hinter einer Wand. Zuerst konnten beide Affen das beobachten. Prompt nahm sich der ranghöhere Affe die Früchte. Was aber passiert, wenn der Chef nicht aufpasst? Im zweiten Durchgang wurden die Früchte dann so versteckt, dass nur der rangniedrigere Affe sie sehen konnte. Und der nutzte die Gelegenheit natürlich. Denn er hatte die Ratlosigkeit im Gesicht „vom Boss" gesehen und dessen Unaufmerksamkeit ausgenutzt ...

Jane Goodall, die Affenforscherin

Die 1934 geborene Engländerin Jane Goodall hatte als Kind von ihrem Vater einen Spielzeug-Schimpansen bekommen. Von da an träumte sie davon, nach Afrika zu reisen. Das tat sie, als sie 23 Jahre alt war. In Tansania gelang es ihr, mit frei lebenden Schimpansen Kontakt aufzunehmen. Sie folgte ihnen durch den Wald und lernte sie kennen wie Freunde. Jane Goodall hat viele spannende Bücher über ihr Leben mit den Affen geschrieben. Sie wurde zu einer der berühmtesten Affenforscherinnen der Welt.

30 Grad im Schatten! Viel zu heiß, um sich zu bewegen. Eher Zeit für ein Mittagsschläfchen ...

... oder dafür, sich mal richtig, wie dieser Elefant hier, bei einem Schlammbad im Wasser abzukühlen.

Manche mögen's heiß

30 Grad im Schatten! Ich hab mir kurze Hosen angezogen, und die meisten anderen Zoobesucher auch. Du hast es bei den Temperaturen gut – bei so einem Wetter gibt es hitzefrei. Und die Tiere im Zoo? Die haben's auch gut: Für die ist das doch fast so warm wie in Afrika!

Aber faul sind sie. Die Kamele stehen im Schatten herum. Die Affen bewegen sich langsamer als sonst und schwingen zwischen Sonne und Schatten hin und her. Bei dieser Hitze ist Mittagsschlaf die Lieblingsbeschäftigung fast aller Tiere. Der Löwe liegt in der Ecke und döst. Nur wenn ihm der Pfleger mal eine Portion Eis ins Gehege wirft, rührt er sich. Ich frage: „Michael, gibt es hier Tiere, die sich bei der Hitze so richtig sauwohl fühlen?"

Warmblut, Heißblut, Kaltblut?

Heißblütig sollen zum Beispiel die Spanier sein. Aufbrausend, leidenschaftlich. Nicht so zurückhaltend wie wir. Sind wir deshalb Warmblüter? Naja. Als Warmblüter bezeichnet man alle Säugetiere und Vögel – wegen ihrer gleich bleibenden Körpertemperatur. Das Gegenteil sind wechselwarme Tiere. Fische, Reptilien, Insekten zum Beispiel, die ihre Körpertemperatur der Außentemperatur angleichen. Warmblüter nennt man aber auch bestimmte temperamentvolle Pferde. Als Kaltblüter gelten dagegen die schweren Arbeitspferde, obwohl sie biologisch natürlich auch zu den Warmblütern gehören. Alles klar?

Temperamentvolle Pferde sind zum Beispiel Rennpferde.

Arbeitspferde sieht man oft auf Bauernhöfen.

30 Grad im Schatten!

Michael überlegt. „Hm. Eidechsen vielleicht und die südamerikanischen Schlangen. Die graben sich sogar extra ein und finden das schön warm."

Aber es gibt auch Tiere, die die Hitze nicht mögen, zum Beispiel Pinguine? „Kriegen die Heimweh nach dem Südpol?", will ich von Michael wissen. „Nein", sagt der, „denen geht es hier im Zoo gar nicht so schlecht. Wir haben für sie einen schönen Stall gebaut, eine Art Kühlschrank. Jedenfalls herrschen da richtige Kühlschranktemperaturen – sechs bis acht Grad. Dahin können sie sich zurückziehen. Und die Besucher können ihnen durch eine Scheibe zugucken."
Die kleinen Frackträger können Sonne aber auch ganz gut vertragen, erzählt

mir Michael dann noch. Manche von ihnen leben eigentlich in Südafrika. Da scheint viel Sonne, aber der auf der anderen Erdhalbkugel abgekühlte Golfstrom sorgt dafür, dass das Wasser schön kalt bleibt.

Hm. Die Bären haben ein dickes Fell. Ob die darunter wohl schwitzen? Und wenn Tiere kein Fell haben, wie die Elefanten zum Beispiel – bekommen die dann einen Sonnenbrand? Müssen die Tierpfleger sie also mit einem Sonnenschutzmittel einreiben?
„Nö", sagt Michael.
„Die Elefanten sind auf Sonne eingestellt. Wenn's richtig heiß wird, gehen sie in den

Schatten oder sie baden. Mittags dürfen sie auch ins Haus, wenn sie wollen."
Tatsächlich gibt es Tiere, für die zu viel Sonne gar nicht gut ist. Aber die meisten gehen dann einfach in den Schatten.

?

Schutz vor Hitze und Kälte

Pinguine sind in der Natur oft extremen Klimabedingungen ausgesetzt. Zum Schutz dient eine bis zu drei Zentimter dicke Fettschicht, über der sich drei wasserdichte Schichten kurzer, dichter Federn befinden. Einige in tropischen Gewässern lebende Pinguinarten verhindern Überhitzung dadurch, dass ihre Flossen im Vergleich zur Körpergröße verbreitert sind. Die Fläche, über die sie Wärme abgeben, ist somit größer.

Ganz schön kühl hier!

Eine Elefantenkälte

Ups, ist das auf einmal kalt! Ein echter Temperatursturz! „Michael, wo ist meine Winterjacke?" Kann ich jetzt gut gebrauchen.
Aber keine Bange, die Welt geht nicht unter, wir wollen einfach mal einen Wintertag im Zoo erleben. Wenn die Pinguine sich bei den Temperaturen wie zu Hause fühlen, die Giraffen Urlaubsreisen in den Süden buchen und der Bär seinen Winterschlaf hält ...
Hoppla, schon mal falsch. Brillen- und Lippenbären beispielsweise, wie es sie im Zoo gibt, kommen aus den Tropen. Und da gibt es ja bekanntlich gar keinen Winter und also halten diese Tiere auch keinen Winterschlaf.

In den Zoos ist es bei uns im Winter eher ruhig. Es kommen viel weniger Besucher und deren Geräusche schluckt der Schnee. Wenn denn welcher liegt. Viele Tiere kann man zur eiskalten Jahreszeit nur in einem extra Winterquartier anschauen, weil sie wegen der Kälte oft nur für ein, zwei Stunden an die frische Luft gehen. Manche Tiere sind allerdings bei Kälte besonders lebhaft: die sibirischen Tiger zum Beispiel.

Auch die Erdmännchen lassen sich von der Kälte nicht einschüchtern. Sie schlafen sogar draußen – eng aneinander gekuschelt. Überhaupt wärmen sich viele Tiere durch Zusammenrollen bzw. Zusammenkuscheln mit anderen ihrer Artgenossen. Auch in der freien Natur suchen sie frostsichere Plätze. So ziehen sich Fuchs, Dachs, Hamster und Kaninchen, das weißt du bestimmt, in ihren jeweiligen Bau zurück.

Tiere, die draußen bleiben, legen sich ein dickes Fell zu.

Elefanten sind Kälte durchaus gewohnt. Denn asiatische oder afrikanische Elefanten leben nicht selten in großer Höhe in den Bergen, wo schon mal Minustemperaturen herrschen.

Pferde und Rehe sowieso. Aber auch Kamele, Tiger oder Luchse wärmen sich mit einem dichteren Pelz.

„Überhaupt jedes Tier, das in der Natur Winter und Sommer ausgesetzt ist", sagt Michael. „Bei den Kamelen fällt das Winterfell dann im Frühjahr in großen Büscheln langsam ab – das sieht sehr seltsam aus!"

Die Hyänen können im Winter wählen, ob sie draußen oder drinnen sein möchten – aber auch sie sind wie viele Tiere gern an der frischen Luft.

Ab in die Wärme

Die Tiere der afrikanischen Savanne verbringen die meiste Zeit in ihren Ställen. Nur: Die sind nicht so riesig groß – also müssen Zebra und Giraffe zwischendurch auch mal raus, um Bewegung zu bekommen. Wie

du! Das ist ja nicht so schlimm, denn dort, wo sie herkommen, wird es auch manchmal ganz schön kühl. Guck mal, der Löwe dreht eine Runde durch sein Außengelände! Aber dann schnell wieder rein in die warme Bude! Das Nashorn dagegen ist ein empfindlicher Bursche, es darf nur bei gerin-

Tiere überwintern auf ganz unterschiedliche Art. Je nachdem, ob es gleichwarme oder wechselwarme Tiere sind. Gleichwarm bedeutet, dass sie, solange sie sich bewegen, immer die gleiche Körpertemperatur haben, wie Säugetiere und Vögel zum Beispiel. Manchen Tieren hilft ein Winterfell oder der Winterspeck bei Kälte. Andere halten einen Winterschlaf. Dabei sinkt die Körpertemperatur, der Pulsschlag und die Atmung verlangsamen sich. Tiere, die nur Winterruhe halten, wachen auf, wenn sie Hunger haben.

gen Minusgraden kurz vor die Tür.

„Schnee ist eigentlich gar nicht so schlimm für die Tiere. Schlimmer ist das Wetter, das wir bei uns eigentlich meistens haben: feucht und kalt. Novembernieselregen zum Beispiel. Dann erkälten sich manche Tiere schon mal."

Und ganz gefährlich ist Glatteis! Da muss Max, der Giraffenbulle, mit seiner Herde das Haus hüten – sonst brechen sich die langbeinigen Tiere womöglich die Beine!

Und auch für die Affen birgt der deutsche Matsch-Winter manche Gefahr – sie holen sich da schon mal eine Lungenentzündung und die kann lebensbedrohend sein. Also müssen auch die Affen schön drinnen bleiben. Und die Pfleger halten sie ordentlich in Bewegung.

Stolz und wachsam: Löwen haben ein gelb-goldenes bis dunkelbraunes Fell und männliche Löwen eine lange Mähne.

Riesige Raubkatzen

Jetzt bin ich schon so lange im Zoo unterwegs und dabei habe ich noch nicht einmal die Löwen gesehen. Dabei gilt der Löwe doch als der König der Tiere. Jetzt wird's aber Zeit, so einen König mal zu besuchen.

Es ist noch kühl draußen, da haben sich Matadi und Luena, so heißen die beiden Löwen hier, in die warme Stube zurückgezogen. Wahnsinn! Noch nie bin ich einem Löwen

Der Löwe ist auf vielen Wappen zu sehen, wie zum Beispiel hier auf dem hessischen Landeswappen und sogar Sternbilder tragen seinen Namen.

so nahe gekommen. Direkt vor mir liegt Matadi und nagt am Abendessen. Ich kann in aller Ruhe die dicke Mähne bewundern. Fast könnte ich sie anfassen! Mach ich aber besser nicht. Auf einmal hebt der Löwe den Kopf, dann dreht er sich zu mir, mit einem Ruck, und blickt mich mit seinen gelben Augen an. „Was guckst du?", scheint er zu sagen. Und: „Willi! Guck nicht so blöd!"

Erschrocken weiche ich einen Schritt zurück. „tschuldigung, war nicht so gemeint, ich hab doch nur mal ... na ja, geguckt!" Wie gut, dass dicke Gitterstäbe mich vom König trennen. Da gehe ich lieber noch mal zum

Tierpfleger. „Sag mal, was fressen denn die Löwen so am Tag?" „Am liebsten große Fleischstücke. Löwen haben drei Fastentage pro Woche, an

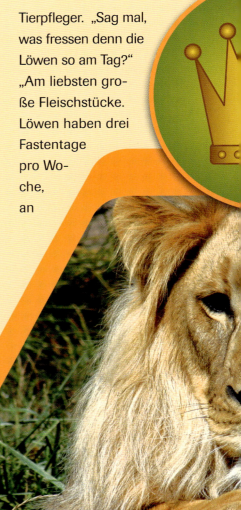

Der Löwe gilt wegen seiner Macht und Würde fast auf der ganzen Welt als König der Tiere.

Ich bin der König der Tiere!

Essen für echte Kerle: Die Löwen-Speisekarte

Löwen fressen gar nicht jeden Tag. Sie haben drei Fastentage pro Woche, an den anderen Tagen bekommen sie etwa 15 Kilo. Dann essen sie keine Steaks und Schnitzel, sondern am liebsten schöne große Stücke Rind- oder Pferdefleisch vom Schlachthof, mit viel Knochen dran! Und am allerliebsten ganze Tiere, mit Haut und Knochen. Das können Hühner und Meerschweinchen, Ratten und Kaninchen sein, und ab und zu auch mal eine Ziege. Denn die ganzen Tiere sind gesünder für die Großkatzen. Sie sind vitamin- und mineralienreich. In der freien Wildbahn fallen ihnen vor allem Jungtiere oder kranke Tiere zum Opfer. Löwen jagen meist bei Dunkelheit oder in den kühlen Morgenstunden.

den anderen Tagen bekommen sie etwa 15 Kilo Futter." Matadi und Luena sind inzwischen nach draußen gegangen. Sie wirken wirklich wie ein Königspaar. Obercool! Löwen sind übrigens gar nicht die größte Raubkatzenart, Tiger werden noch größer und stärker. Aber

Löwen sind die größten Landraubtiere Afrikas. Ausgewachsene Männchen sind bis zu 225 Kilogramm schwer. Wenn sie in Zoos oder im Zirkus gehalten werden, erreichen sie wegen dem guten Futter sogar mal 300 Kilogramm Gewicht. Sie nehmen überhaupt keine Notiz von mir! Ob Michael manchmal in den Löwenkäfig hineingeht? „Nur wenn er leer ist!", sagt er.

„Die kennen zwar gar kein anderes Leben als das mit Menschen, aber sie betrachten uns niemals als ihre Freunde." Löwen leben 14 bis 20 Jahre. Aber nur die Weibchen. Männchen werden meist nur sieben bis zwölf Jahre alt, denn sie werden von den jüngeren Löwen getötet, weil die sie als Konkurrenten sehen. Oder sie werden vertrieben, dann finden sie keine Rudel mehr und müssen verhungern. Harte Sitten sind das. Im Zoo haben es Löwen jedoch gut. Manche leben dort mehr als 30 Jahre.

Auch kleine Tiere brauchen Pflege. Hier wird mir erklärt, was bei der richtigen Haltung von Fischen zu beachten ist.

Was muss man als Tierpfleger alles können?

Ich bin wirklich sehr gern im Zoo. Aber sagt jetzt bitte nicht, ich wäre ein Affe! Die fühlen sich hier zwar wohl, liegen auf der faulen Haut oder schneiden Grimassen vor Freude .... Aber ich lese auch gern mal ein Buch, kuschle mich in mein Bett oder gehe mit meinen Freunden ins Kino. Als Affe könnte ich das nicht. Also komme ich lieber immer als Besucher in den Zoo. Oder sollte ich vielleicht Tierpfleger werden? Dann könnte ich jeden Tag hier sein, würde immer alle Tiere sehen und sogar noch Geld dafür bekommen. Ich könnte Seelöwen mit Fischen füttern, Elefanten dressieren, Ponys streicheln. Nicht schlecht,

> **Man sollte sich für Tiere, deren Leben, Verhalten und deren Bedürfnisse interessieren.**

oder? Gut, ich müsste sicher auch den Mist und die Kacke wegräumen, große Haufen bei den Elefanten, kleine in den Vogelkäfigen. Aber ist das so

> **Man sollte keinen Ekel vor natürlichem Mist und Dreck haben. Schließlich müssen Ställe ausgemistet werden.**

schlimm?
„Michael, was muss man

> **Man muss wissen, dass manche Tiere durch andere gefressen werden, weil sie zu ihrer natürlichen Nahrung gehören.**

können, wenn man Tierpfleger werden will?"
„Ja, also", sagt Michael, „man sollte sich vor allem für Tiere interessieren. Und man sollte

Tierpfleger, ein Traumberuf?

keinen Ekel vor natürlichen Dingen haben. Und robust sollte man sein: Tierpflege ist ja oft schwere Arbeit! Ausmisten und Futterschneiden ist nun mal häufiger dran als Tiere streicheln. Und man muss wissen, dass Beutegreifer auch richtige Tiere als Futter brauchen. Die muss man denen geben. Manchmal muss man die Tiere vorher töten." Michael fällt noch etwas ein: „Man muss natürlich auch mit Menschen gut auskommen können!" Klar, denke ich, im Zoo arbeiten ja viele Leute zusammen. Und dann sagt Michael etwas Lustiges: „Wenn du Tierpfleger wirst, musst du auch damit rechnen, dass du deinen Tieren immer ähnlicher werden kannst ..."

Ich stutze. „Wie?? Du siehst doch aber nicht aus wie ein Elefant!"

„Nein, nein. Mit dem Aussehen hat das nichts zu tun, Willi. Aber schau mal, das Verhalten der Elefanten zum Beispiel kann auf einen Tierpfleger schon abfärben. Wir bewegen uns ruhig und bedächtig, wenn wir mit ihnen zu tun haben. Und auch wenn wir gerade nicht mit ihnen zu tun haben. Dagegen gibt es Affenpfleger, die sich ganz hektisch bewegen, wie Affen. Die kratzen sich auch! Kannst du glauben. Neulich hab ich sogar mal eine Frau kennen gelernt, die sich um Papageien kümmert. Die sah nett aus – aber die Stimme: nicht zum Aushalten."

Will mich Michael veräppeln? Oder stimmt das? Na ja, vielleicht sollte ich doch lieber Reporter bleiben!

> **Tierpfleger ist kein leichter Beruf. Du musst einige Voraussetzungen erfüllen.**

WWW
Tierpfleger ist ein richtiger Ausbildungsberuf, für den man drei Jahre lernen muss. Außer der Tierpflege und dem Füttern gehören zu dem Job auch: Unterkünfte reinigen und in Schuss halten, gemeinsam mit dem Tierarzt auf die Gesundheit der Tiere und den Nachwuchs achten. Tierpfleger arbeiten im Zoo, in der Forschung und in Kliniken, in Tierheimen - oder Pensionen.

So klein war ich auch mal!

So eine Geburt ist ganz schön kompliziert

Im Zoo werden jedes Jahr viele Tierbabys geboren. Jede Geburt ist eine aufregende Angelegenheit. Aber auch eine ganz natürliche. Die Giraffe zum Beispiel bekommt ihr Junges im Stehen.

„Im Stehen?" Ich wundere mich. „Aber dann fällt das Giraffenbaby ja hin! Ziemlich tief sogar!"

Doch dann erfahre ich: „Es gleitet schön langsam, mit den langen Vorderbeinen zuerst aus der Mutter und auf den Boden. Nur die Hinterbeine plumpsen nach. Für die ganze Giraffenfamilie in der freien Natur ist eine solche Geburt so sicherer. Falls etwas Gefährliches dazwischenkommt, sind alle schneller fluchtbereit." Denn der größte Feind der Giraffen ist der Löwe. Eine erwachsene stehende Giraffe wird nämlich selten angegriffen, weil ihre Fußtritte für Löwen lebensgefährlich sind. Eine liegende Giraffe aber kann ja nicht treten und wird sofort angegriffen. Die kleinen Giraffenkälber können schon eine

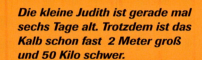

Die kleine Judith ist gerade mal sechs Tage alt. Trotzdem ist das Kalb schon fast 2 Meter groß und 50 Kilo schwer.

WWW Das mußt du dir mal vorstellen: Die Giraffenbabys werden im Stehen geboren, damit sich die Mutter, falls sie angegriffen wird - zum Beispiel von einem Löwen - besser verteidigen, oder fliehen kann.

Stunde nach der Geburt stehen und nach wenigen Stunden laufen sie bereits.

Manchmal werden Jungtiere im Zoo gleich nach der Geburt im Stich gelassen. Vor allem dann wenn die Mutter noch keine Erfahrung mit der Aufzucht hat. Dann müssen sich die Tierpfle-

Ein kräftiger Schluck aus der Babypulle schmeckt großartig.
Der kleine Nasenbär lässt es sich jedenfalls gut gehen.

ger um die Kleinen kümmern. So manches Orang-Utan-Baby und so manche kleine Löwenkatze wurde deshalb schon mit einer richtigen Babyflasche großgezogen. Sieht lustig aus, funktioniert aber.

Die Tierpfleger müssen bei der Geburt sehr gut aufpassen. Unerfahrene Giraffenmütter zum Beispiel treten manchmal auf ihr frisch geborenes Kalb. Ihr Pflegetrieb macht sich erst später bemerkbar, wenn sie seinen Geruch aufgenommen haben.

Max, der Giraffenbulle, plinkert mit seinen großen schwarzen Augen. „Er sieht uns Pfleger heute nicht als Feinde, sondern

als Konkurrenten um die Liebe seiner Frauen", sagt Michael. „Er tritt uns nicht, aber er gibt uns Kopfstöße. Was im Prinzip auf das Gleiche hinausläuft: Es ist lebensgefährlich. Wir müssen uns also in Acht nehmen." Aber glücklicherweise ist Max

„normal" und überhaupt nicht verhaltensgestört, wie manche Tier-Flaschenkinder, die im Zoo geboren werden und gar kein Leben in der freien Natur kennen. Wie Vögel, die nicht fliegen wollen.

Das ist ja fast wie bei einem Menschenkind: Der kleine Baby-Gorilla braucht tatsächlich einen Schnuller! Sieht doch süß aus, oder?

Komische Vögel

Ein Schuhschnabel?

Im Zoo gibt es viele Vögel. Krähen, Tauben und Spatzen, wie überall, aber natürlich auch wunderschöne, seltsame Kreaturen. Alle möglichen Papageien, Kraniche, Flamingos, Marabus ... Und was Vögel aber auch für komische Namen haben: Steinkauz, Elsterhäher, Runzelhornvogel ...

Vögel sind Wirbeltiere. Sie leben auf allen Erdteilen. Insgesamt sind mehr als 9800 Vogelarten bekannt. Mein Lieblingsvogel ist der Schuhschnabel. Der sieht total verrückt aus. Er hat einen Schnabel so breit wie Opas Gummistiefel und

Mein Lieblingsvogel, der Schuhschnabel ein komischer Vogel. Er sieht so lustig aus. Ich habe ihn gleich mal als Comic-Figur gezeichnet. Probier es doch auch mal. Vom Schnabel bis zum Schwanz ist er übrigens über einen Meter groß. Mit seinem Schnabel kann er sogar ziemlich große Fische gut festhalten.

Gehen Vögel zum Friseur?

Nicht direkt. Nach jeder Mauser – das meint das Abwerfen und Neuwachsen der Federn – werden die Vögel eingefangen, die kein Dach überm Kopf haben und nicht in Käfigen gehalten werden, wie zum Beispiel Kraniche, Flamigos oder Marabus. Dann werden ihnen nur die Schwungfedern gestutzt. Das tut ihnen aber nicht weh und ist fast so wie Haareschneiden. Danach können sie nicht mehr wegfliegen. Außerdem fühlen sich die meisten Vögel im Zoo so wohl, dass sie gar nicht ausreißen würden.

er ist so groß wie ein ... Tja, sagen wir mal: so hoch wie ein Flamingo, aber dicker. So dick wie drei Flamingos. Dafür ist er nicht so schön bunt. Sieht farblich eher irgendwie so aus wie ein Eisbär (nämlich schmutzig) und ein Flusspferd (frisch geduscht), also blaugrau. Richtig berühmt wurde der Vogel durch Schusch, der Schuhschnabel in dem Buch „Urmel aus dem Eis" Max Kruse. Hast du das gelesen? „Was ist eigentlich dein Lieblingsvogel?"

„Meine Lieblingsvögel sind die Keas. Nestorpapageien aus Neuseeland. Die sehen nicht verrückt aus, aber sie sind verrückt. Verspielt sind sie, wie die Affen. Sie legen sich auf den Rücken ins flache Wasser und wackeln mit den Beinen", sagt Michael und erklärt weiter: „Sie nehmen mir die Schlüssel weg und werfen damit herum, sie interessieren sich für deine Kamera und untersuchen alles, was man ihnen in den Käfig wirft. Wenn du ihnen einen Topf hinstellst, dann kloppen sie mit Flusskieseln darauf herum." Wirklich, sehr temperamentvoll, richtige Heißsporne sind das. Vielleicht liegt es daran, dass alle bekannten Vogelarten eine höhere Körpertemperatur haben als alle anderen heute lebenden Tiere und auch als wir Menschen, sie liegt bei etwa 42 Grad Celsius.

Die Keas aus Neuseeland sind besonders neugierige und verspielte Vögel. Sie können sich sogar auf den Rücken ins flache Wasser legen und mit den Beinen strampeln. Gefährlich können Keas aber zum Beispiel für Autos werden, denn sie knabbern gern mal Scheibenwischer oder Gummidichtungen an.

Fliegen lernen

Fliegen und pflegen

Von Energiesparen verstehen Vögel eine Menge. Na ja, ich weiß nicht, ob sie es wirklich verstehen, aber auf jeden Fall sparen sie beim Fliegen immer so viel Energie wie möglich. Wenn sie auf Nahrungssuche sind, wenn sie Nestbaumaterial suchen – und wenn sie, wie die Zugvögel, auf Reise gehen.

Im Zoo aber fliegen sie ja nicht so weit. In der freien Natur dagegen würde ein Raubvogel manchmal hundert Kilometer am Tag zurücklegen. Er benutzt Tausende von Muskeln unter seinen Flügeln – und seine windschnittige Form hilft ihm auch. Das sieht alles sehr elegant aus und wirkt mühelos. Kleinere Vögel rudern mit ihren Flügeln, das bringt sie ebenfalls voran. Wenn auch nicht so weit. Egal, sie schnappen sich das nächstbeste Bienchen oder eine Fliege und flattern weiter. Also, das Fliegen, finde ich, sieht ganz leicht aus. Aber jeder Pilot weiß: Das Schwerste ist das Runterkommen, also die Landung. Hast du schon mal einen Schwarm Gänse landen sehen? Hunderte schwerer Vögel! Sie nähern sich einer Wiese, drehen eine Platzrunde

Können alle Vögel fliegen?

Fast alle. Immerhin gibt es über 9800 Vogelarten! Aber der Pinguin ist auch ein Vogel – und er hebt niemals ab. Dafür ist er ein phantastischer Schwimmer. Oder der Emu, er trägt die Federn nur noch als Kleid, hat sich nicht aufs Fliegen, sondern aufs Laufen verlegt. Und da ist er schnell. Übrigens sind bei den Emus allein die Männchen für Brut und Aufzucht zuständig. Wie ist das denn bei dir zu Hause?

und lassen sich nieder. Wer sagt da wem Bescheid, dass jetzt Pause angesagt ist? Einer muss es doch tun: Ich zuerst!

Der farbenprächtige Königsgeier lebt eigentlich in Südamerika. Er kann seine Flügel bis zu 2 Meter breit ausspannen. Er kann stundenlang segeln, ohne seine Flügel zu bewegen.

Es gibt schon verrückte Sachen: Bei Wind und Kälte stehen Flamingos auf einem Bein. Warum? Weil sie dann weniger frieren! Ihre Beine haben keine Haare und Federn. Dadurch kann die Körperwärme genau dort verloren gehen. Um das zu verhindern, ziehen sie ein Bein ein.

Du hier! Du dort! Und zwar jetzt! So könnte es sein, denn es funktioniert, und zwar ganz ohne Fluglotsen.
Also, Graugänse hab ich hier im Zoo nicht gesehen. Aber Königsgeier! Das sind echte Prachtstücke und du kannst sie besuchen. Ja, einfach hereinspazieren und zugucken, wie sie sich mit Gänsegeiern und mit den schwarz-roten Waldrappen amüsieren. Ich könnte denen einfach stundenlang zugucken, und überhaupt all den Tieren hier im Zoo. Aber für heute ist Schluss. Eines weiß ich aber: Ich komme bestimmt schon bald wieder und schaue, wie es meinen Tierfreunden und den Tierpflegern geht.
Übrigens: In manchen Zoos kannst du sogar Patenschaften für Tiere übernehmen und so helfen, dass sie es noch schöner haben in ihrem Zuhause.

Was ist das: Thermik?

Große Vögel, wie zum Beispiel Raubvögel, können manchmal hundert Kilometer am Tag zurücklegen. Das geht nur, wenn sie ihre Kräfte gut einteilen. Sie nutzen die natürlichen warmen Luftströme, die sie nach oben tragen. Oben angekommen beginnt dann der Langstreckensegelflug bis zum nächsten Luftstrom.

Warme Luftströme, die die Vögel nach oben tragen.

Wilde Tiere überall in Deutschland

Von Hagenbeck bis Hellabrunn – es gibt viele zoologische Gärten und Tierparks in Deutschland! Fast alle findest du auch im Internet. Am besten über die Seite **www.zoos.de**. Da gibt es Zoo-Adressen, ein Tierlexikon, Buch-Tipps und vieles mehr zu dem Thema.

Ich war zuerst im Opel-Zoo in Kronberg bei Frankfurt am Main. Der gehört nicht zu der Automarke, wurde aber vom Enkel des Opel-Gründers gestiftet und ist einer der wenigen privaten Zoos in Deutschland. Umgeschaut habe ich mich auch im Leipziger Zoo. Besonders beeindruckend dort: das Pongo-Land.
Adressen: Opel-Zoo, Königsteiner Straße 35, 61476 Kronberg, Tel.

06173/79 749. **www.opelzoo.de**
Zoo Leipzig, Pfaffendorfer Straße 29, 04105 Leipzig, Tel. 0341/ 59 33 385. **www.zoo-leipzig.de**

Der Zoologische Garten Berlin ist berühmt für seine Pandas. Und dafür, dass er Spitzmaulnashörner züchtet – eine bedrohte Art. Insgesamt leben 1500 Arten hier!
Zoo Berlin, Hardenbergplatz 8, 10787 Berlin, Tel. 030 / 254 01 – 0. **www.zoo-berlin.de**

Eisbären, Pinguine und Schnee-Eulen und Schneehasen gibt es im Zoo Bremerhaven, vor allem aber Tiere mit so schönen Namen wie Basstölpel, Zwergsäger und Seebär. Meerestiere sind die Spezialität des Zoos an der Nordseeküste.
Zoo am Meer Bremerhaven, H.-H.-Meier-Straße 5, 27568 Bremerhaven. Tel. 0471/ 308 41-0. **www.zoo-am-meer-bremerhaven.de**

Einer der ältesten Zoos überhaupt ist Hagenbecks Tierpark in Hamburg. Stolz sind

die Pfleger hier auf ihre Zucht von asiatischen Elefanten, die in einer Herdengemeinschaft zusammenleben.
Hagenbecks Tierpark, Lokstedter Straße 2, 22527 Hamburg, Tel. 040/ 54 00 01-0. **www. hagenbeck.de**

Mit Delfinen spielen? Im Tiergarten Nürnberg ist das möglich. Eine neue, hochmoderne „Delfinlagune" ist gerade im Bau. Der Zoo gehört zu den besten in Deutschland.
Tiergarten Nürnberg, Am Tiergarten 30, 90480 Nürnberg, Tel. 0911/ 5454-6. **www.tiergarten. nuernberg.de**

Fast 5000 Tiere aus allen Kontinenten sind im Wuppertaler Zoo zu Hause. Spezialitäten: Raubkatzen, Affen, sechs afrikanische Elefanten, eine Freiflughalle für tropische Vögel. Und: Man kann in den Zoo schweben! Mit der Schwebebahn ...
Zoo Wuppertal, Hubertusallee 30, 42117 Wuppertal, Tel. 0202/ 27 47-0. **www.zoo-wuppertal.de**

Der Vogelpark Walsrode ist der größte Vogelpark der Welt. Liegt in Norddeutschland, in der Lüneburger Heide.
Vogelpark Walsrode, Am Rieselbach, 29664 Walsrode, Tel. 05161/ 6044-0. **www.vogel-park-walsrode.de**

Ein neuer Elefantenpark, ein Urwaldhaus für Menschenaffen, Dschungelatmosphäre im südostasiatischen Regenwald – das gibt es im Zoo Köln.
Zoologischer Garten Köln, Riehler Straße 173, 50735 Köln, Tel. 0221/ 7785-0. **www.zoo-koeln.de**

Hannover hat einen Erlebnis-Zoo mit Themenwelten wie dem Bauernhof Meyer oder der Afrikawelt Sambesi.
Zoo Hannover, Adenauerallee 3, 30175 Hannover, Tel. 0511/ 280 74 163. **www.zoo-hanno-ver.de**

Der Tierpark Hellabrunn in München, im Landschaftsschutzgebiet der Isarauen, möchte seinen Besuchern

eher ein Naturerlebnis bieten. Besucher können die Tiere wie in freier Wildbahn beobachten. Es gibt ein Streichelgehege, ein Polarium, ein Schildkrötenhaus und ein Dschungelzelt.
Tierpark Hellabrunn, Tierparkstraße 30, 81543 München, Tel. 089/ 62508-0. **www.zoo-mu-nich.de**

Im Frankfurter Zoo, dem Zoo von Bernhard Grzimek, gibt es eine Bärenburg, einen Katzendschungel, das Nachttierhaus und vieles mehr.
Zoo Frankfurt, Alfred-Brehm-Platz 16, 60316 Frankfurt am Main, Tel. 069/ 212-331-35. **www.zoo-frankfurt.de**

Lösung des Rätsels von Seite 14:

Na du Tierexperte, hast du alles gewusst? Hier die Lösungen:

Nummer 1 war ja noch ganz leicht: das Zebra. Jetzt wird's schon schwieriger: Nummer 2 ist der Leopard. Nummer 3 der Tiger und Nummer 4 ist die Giraffe. Der Gepard ist die Nummer 5 und Nummer 6 ... na, da habe ich dich an der Nase herumgeführt, ist natürlich kein wildes Tier, sondern der Marienkäfer.